Reisetagebuch von: